फर्स्ट लव शायरी
SHAYRI FOR GIRL

भारत सिंह भोई

Copyright © Bharat Singh Bhoi
All Rights Reserved.

This book has been published with all efforts taken to make the material error-free after the consent of the author. However, the author and the publisher do not assume and hereby disclaim any liability to any party for any loss, damage, or disruption caused by errors or omissions, whether such errors or omissions result from negligence, accident, or any other cause.

While every effort has been made to avoid any mistake or omission, this publication is being sold on the condition and understanding that neither the author nor the publishers or printers would be liable in any manner to any person by reason of any mistake or omission in this publication or for any action taken or omitted to be taken or advice rendered or accepted on the basis of this work. For any defect in printing or binding the publishers will be liable only to replace the defective copy by another copy of this work then available.

चुप रहोगे तो बात कौन करेगा हम ना होंगे तो याद कौन करेगा माना की हम अच्छे नहीं है कि हम आपको पल-पल याद आएंगे...
पर हम ना रहे तो आपको परेशान कौन करेगा..!

अगर अपनी किस्मत लिखने का
जरा सा भी हक होता,
तो अपने नाम के साथ तुझे हर बार लिखता ..!!

वो दिल ही क्या जो वफा ना करे।

तुझे भूल कर जियूं ऐसा खुदा ना करे।

रहेगा तेरा प्यार जिंदगी बन कर।

वो वक्त और हैं अगर जिंदगी वफा ना करे।

आपकी चाहत अब हमारी कहानी है।
ये कहानी इस वक्त की मेहरबानी है।
अगली मुलाकात का तो पता नहीं।
पर हमारी ये जिंदगानी सिर्फ आपकी दीवानी हैं।

जब किसी की रूह में ऐ दिल उतर जाता है मोहब्बत का समंदर,
तब लोग जिंदा तो होते हैं लेकिन किसी और जिस्म के अंदर।

सपने में आयेगे SMS की तरह।
दिल में बस जायेगे Ringtone की तरह।
प्यार कभी कम ना होगा Balance की तरह।
बस आप Busy ना रहना Network की तरह।

चलो आओ हम तुम्हें याद करते हैं।
ऐ वो गुनाह हैं जो हम बार बार करते हैं।
जला कर इस दिल में हसरत की चिंगारी।
हम आपके नाम का इंतज़ार करते हैं।

दिल कोई दे बस आपको दे।
सुरत आपकी एक झलक मै हमें जिंदगी दे।
दुआ मेरी हैं आपका हुस्न ऐ सलामत रहे।
हर दिल आपके प्यार को अपने दिल में जगह दे।

हवाये तेरी ऐ जुल्फे उड़ाये।
रोके तुझे ऐ मस्त फिजाएं
तुझे भी इश्क़ हो जाए हम से ।
कर रहा हैं मेरा दिल ऐ दुआये।

हुस्न आपका देख कर क्या-क्या ख्याल इस दिल में आता है ।
मिलती जो नजर जब आपसे क्या-क्या सवाल इस दिल में उठता हैं।
रुकिये एक पल मेरे भी सुनिये और कहिए क्या इरादा हैं।
आपसे अब दुर कहाँ जाये एक आप ही है जिसपे प्यार आये ।

कैसे करु उसका शुक्रिया जिसने तुम्हें बनाया हैं।
देखा जिधर उधर बस तेरा साथ पाया हैं।
सोचा ना था कुदरत भी कभी ऐसा रंग भरती हैं।
तुझे जो मिला एक पल के लिए उसने भी मेरा चैन चुराया है

आप इश्क़ से ज्यादा अपने हुस्न का ख्याल रखती हैं।
आशिक़ को दूर रखकर सेहद का ख्याल ज्यादा रखती हैं।
तस्वीर निहारना या खामोश रहना जानती हैं।
प्यार और अधिक बढता तो दिल ही दिल में हमें क्यों जलती है

उनकी यादों को हम प्यार कहते हैं।
लाखो जन्म उन पर निसार करते हैं।
अगर राह में मिले वो आपसे
तो कहना उनसे हम आज भी प्यार और उनका इंतजार करते हैं।

दिल मेरा बहुत नाजुक हैं।
जरा इसे सम्भाल कर रखना।
तुमसे जुदा ना हो हम।
बस इतनी दुआ खुदा से करना।

अपना बना ले मुझे अपनी बाहो में भर ले।
बिछड़े ना कभी हम ऐ इरादा कर ले,
टूट जाएगें हम तुमसे जुदा अगर हुए तो.
कल किसने देखा आज तो बाते कर ले।

मैं आपकी तारिफ में अपना ख्याल पेस करता हूँ।
हैं बहुत बुरा हैं पर एक सवाल पेस करता हूँ।
तारिफ हैं आपके हुस्न की और सादगी की।
ख़िदमत में आपके लिए ऐ देल पेश करता हूँ

लगे ना नज़र इस रिश्ते को किसी जमाने की,
पड़े ना जरुरत कभी एक दूसरे को मनाने की,
आप ना छोड़ना मेरा साथ वरना,
तमन्ना ना रहेगी फिर से आपको दोस्त बनाने की

रिश्ते में दुनियां तो आती-जाती रहती हैं।
फिर भी दोस्ती दिलो को मिला देती हैं।
वो दोस्ती ही क्या जिसमे नाराजगी ना हो।
पर सच्ची दोस्ती दोस्तों को मना ही लेती हैं.

जिंदगी में आपकी एहमियत हम आपको
बता नहीं सकते।
दिल में आपकी जगह कितनी हैं हम आपको दिखा
नहीं सकते।
कुछ रिश्ते बेहद अनमोल होते हैं आपकी तरह।
इससे ज्यादा हम आपको समझा नहीं सकते.

हर रिश्ते में विश्वास रहने दो।
जुबान पर हर वक्त मिठास रहने दो।
यही तो अंदाज़ हैं हमारा जीने का।
ना खुद रहो उदास ना दूसरों को रहने दो।

मशहूर होना पर मगरुर मत होना।
कामयाबी के नशे में चुर मत होना।
मिल जाए सारी कायनात आपको।
मगर हमसे दूर मत होना।

खुद के इस हुनर को जरूर आजमाना।
जब जंग हो अपनो से तो हमारी बाँहों आ जाना ...

शब्द उतने ही बाहर निकलने चाहिए।
जिन्हें वापस भी लेना पड़े तो खुद।
को तकलीफ ना हो।

इन आँखों को जब तेरा दीदार हो जाता है...

दिन कोई भी हो लेकिन उस दिन तूफान आ जाता है

तेरी खैरियत का ही जिक्र रहता है दुआओं में,

मसला सिर्फ मोहब्बत का ही नही तेरी चाहत का भी है.!

मोहब्बत में नशा तेरे इंतजार का है

इस दिल में नशा तेरे दीदार का है

ना होश में ला मुझे मदहोश ही रहने दे,

मेरे इन नैनो में नशा तेरी चाहत का है...

सुबह देखूं शाम देखूं

तेरा प्यारा सा चेहरा तेरे हुस्न की क्या तारीफ करूं मैं

तेरे चेहरे को मैं हर जगह देखु !

छुपा लूं तुझको अपनी बाँहों में इस तरह,

कि हवा भी गुजरने की इजाज़त न मांगे,

मदहोश हो जाऊं तेरे प्यार में इस तरह,

कि मोत भी आने की इजाज़त मांगे।

कुछ हदें हैं मेरी कुछ हदें हैं तेरी..!!

लेकिन खुले आम भी इश्क़ होता है यह तुझसे मिलकर जाना है...

मैं बन जाऊं मछली सनम,,

तुम लहर बन जाना...

भरना मुझे अपनी बाहों में

अपने संग नदी में वहाँ ले जाना

जहां पर तेरे सिवा और कोई न हो..

अच्छा लगता हैं तेरा नाम मेरे नाम के साथ,
जैसे कोई खूबसूरत जगह हो हसीन वादियों के साथ।

मन करता है कि दुनिया की हर एक फ़िक्र भुला कर,
दिल की बातें करूं तुझे मैं पास बिठाकर।

मुसाफर इश्क़ का हूं मैं, मेरी मंज़िल तेरी मोहब्बत है,
तेरे दिल में ठहर जाऊं अगर तेरी मर्जी हो तो

मिल जाओ ऐसे जैसे अंधेरे से उजाले में सवेरा हो जाए
बस जाओ मेरे दिल में रूह बनकर और में गुम जाऊ

मेरी आंखों में हद से ज्यादा दर्द है,
तेरा ही इश्क़ तेरा ही दर्द तेरा ही इंतजार है।

अल्फाज़ की शक्ल में एहसास लिखा जाता है,
यहाँ पर पानी को प्यास लिखा जाता है,
मेरे जज़्बात से वाकिफ है मेरी कलम भी,
प्यार लिखूं तो तेरा नाम लिख जाता है।

हमेशा के लिए रख लो ना, पास मुझे अपने
कोई पूछे तो बता देना दीवाना है मेरा....

वो आइना बना दो मुझे...
जो गुजर कर भी... तुम्हारे साथ रहे...!!

होते तुम पास तो कोई शरारत करते...
लेकर तुम्हे अपनी बाहों में बेपनाह मोहब्बत और वो करते...

अच्छा लगता है हर रात तेरे ख्यालों में खो जाना
जैसे दूर हो कर भी में तेरी बाहों में सो जाना...

क्या-क्या तेरे नाम लिखूं ,दिल लिखूं की जान लिखूं
अब तो आजा मेरी बाहों में मेरी जान हर रात तेरा ही नाम लिखू .....

बसा लू नज़र में सूरत तुम्हारी,दिन रात इसी सूरत पर हम मरते है,
खुदा करे जब तक चले ये साँसे हमारी,हम बस तुमसे ही प्यार करते है ॥

वो मोहब्बत जो तुम्हारे दिल में है,
उसे जुबान पर लाओ और बयां कर दो,
आज बस तुम कहो और कहते ही जाओ,
हम तुम्हारे है सनम......... सिर्फ तुम्हरे

तेरे अहसास की खुशबू रोम-रोम में समाई है,
अब तू ही बता क्या इसकी भी कोई और दवाई है।

चाहत बन गए हो तुम,कि आदत बन गए हो तुम,
हर सांस में यूं ही आते जाते हो जैसे मेरी जिंदगी बन गए हो तुम।

नशा था तेरे प्यार का जिसमे
हम खो गए, हमें भी नही
पता चला कब हम तेरे दीवाने हो गए।

मैं वक़्त बन जाऊं तू बन जाना कोई लम्हा,
मैं तुझ में समां जाऊं तू मुझ में समां जाना।

जहां से तेरा दिल चाहे वहां से मेरी जिंदगी को पढ़ ले
पन्ना चाहे कोई भी हो
हर पन्ने पर नाम सिर्फ तेरा ही होगा

मेरी जिंदगी का सबसे खूबसूरत इश्क हो तुम,
वो जो आखिरी में मिल जाता है ,
हां वही वाला प्यार हो तुम...

तेरी अदाओं का मेरे पास कोई जवाब नही है
अब मेरी आंखों में तेरे सिवा कोई ख्वाब नही है
तुम मत पूछो, मुझे कितनी मोहब्बत है तुमसे
इतना ही जानो, मेरी मोहब्बत तेरे सिवा कोई नहीं है

मेरा बस चले तो तेरी अदाएं खरीद लूं
अपने जीने के वास्ते तेरी हर साँस खरीद लूं
कर सके जो हर वक्त दीदार तेरा
सब कुछ लुटाके वो आयना खरीद लूं

जीने की उसने हमे नई अदा दी है,
खुश रहने की उसने हमे वजह दी है,
ऐ खुदा उसको खुशियां देना,
जिसने अपने दिल में हमें बसने की जगह दी है।

तुम्हे देखा तुम्हे चाहा तुम्ही को दिल भी दे डाला
अब अरमान है इतना कि तुम मेरे सामने आओ
कुछ तुम कहो कुछ हम कहें इकरार हो जाए
मे तुम्हारी और तुम मेरी बाहों में समा जाओ

ये इश्क नही आसान इतना तो समझ लीजिए जानव,
एक आग का दरिया है और डूब के जाना है।

ए शुक्रिया जिंदगी में आने के लिए
ए शुक्रिया जिंदगी को जिंदगी बनाने के लिए
कर्जदार रहेंगे हम हर जन्म,
ए शुक्रिया प्यार को इतने प्यार से निभाने के लिए।

मेरे सीने में एक दिल है
उस दिल की धड़कन हो तुम...

कितनी मोहब्ब्त है तुमसे ये कहना नही आता
बस इतना जानते है कि तुम्हारे
बिना अब जीना नहीं आता ।

कुछ सोचता हूं तो तेरा ख्याल क्यों आ जाता है,
कुछ बोलता हूं तो तेरा नाम क्यों आ जाता है,
कब तक छुपा के रखूं दिल की बात को,
तेरी हर अदा पर मुझे प्यार आ जाता है।

आंखों की चमक पलकों की शान हो तुम,
चेहरे की हंसी लबों की मुस्कान हो तुम,
धड़कता है दिल बस तुम्हारी यादों में,
फिर कैसे ना कहूं मेरी जान हो तुम।

लोग पूछते हैं क्यों तुम अपनी
मोहब्बत का इजहार नही करते,
हमने कहा, जो लफ्जों में बयां हो जाए,
सिर्फ उतना ही हम किसी से प्यार नही करते..

ज़िंदगी तेरी हसरतों से खफा कैसे हो,
तुझे भूल जाने की खता कैसे हो,
रूह बनकर समा गए हो हम में,
तो रूह फिर जिस्म से जुदा कैसे हो।

प्यार का पता नही पर ज़िंदगी हो तुम..
जान का पता नही दिल की धड़कन हो तुम।

जिंदगी की राह में मिले होंगे हजारों मुसाफिर तुमको,
ज़िंदगीभर ना भुला पाओगे वो मुलाकात है हम !!

तुम्हारा दिल चाहे तो छोड़ देना मोहब्बत का सफर तन्हा गुजार लेंगे
तुम नही तो तुम्हारी यादें ही सही अपना हमसफर बना लेंगे।

इन सांसों को तेरी ज़रुरत का एहसास है,
इन लवों को सिर्फ तेरी ही प्यास है,
तू मिले या ना मिले जिंदगी में मुझे,
मेरे दिल को तो सिर्फ तेरी आस है।

अजनबी बनकर आए थे वो
जाने कब मेरी पहचान बन गए
कहां कोई रिश्ता था उनसे
देखते ही देखते मेरी जान बन गए।

हमारी चाहत है तुझे अपना बनाने की,
हमने तो चाहत की है तुझ से दिल लगाने की,
अब तू हमे चाहे या न चाहे,
लेकिन हमारी तो हसरत है तुझ पर मिट जाने की।

तुमसे ही शुरू हो मेरी हर सुबह,
तुम पर ही खतम हो मेरी हर शाम,
तुझसे मेरा कुछ ऐसा रिश्ता बन जाए,
की मेरी हर सांस पर हो तेरा हक।

तुम्हारा इश्क़ मेरे लिए ऑक्सीजन जैसा है
जरा सा कम हो तो सांसे रुकने लगती हैं।

प्यार वो नही जो दुनिया को दिखाया जाए,
प्यार वो है जो दिल से निभाया जाए हर मोड़ पे।

हाथ थामे के रखना दुनिया में भीड़ भारी है,
खो ना जाऊं कहीं मै, ये जिम्मेदारी अब तुम्हारी है।

कुछ प्रेम ऐसा भी होता है
हाथ में हाथ नही होते
पर जान एक दूसरे में होती है

तुम्हें क्या पता तेरे इंतजार में,
हमने वक्त कैसे गुजारा है,
एक बार नही हजारों बार,
तेरी तस्वीर को निहारा है.!

दिल मे छिपी यादों से सवारूँ तुझे,
तू देखे तो अपनी आँखों मे उतारू तुझे,
तेरे नाम को लबों पे इस कदर सजाया है,
सो भी जाऊ तो ख्वाबों में पुकारू तूझे..

तुम "हंसों" तो "खुशी" मुझे होती है,
तुम "रूठो" तो आँखें मेरी रोती हैं,
तुम दूर जाओ तो "बेचैनी" मुझे होती है,
महसूस करके देखो "मोहब्बत" ऐसी होती है क्या.!!

न जिद है न कोई गुरुर है हमे,
बस तुम्हे पाने का सुरुर है हमे,
इश्क गुनाह है तो गलती की हमने,
सजा जो भी हो मंजूर है हमे..!

बहुत खूबसूरत है तेरे साथ ज़िंदगी का सफर जीने में,
तुम वहां से याद करते हो तो हम यहां से मुस्कुराते हैं,

मेरी रूह की तलब हो तुम,
कैसे कहूं सबसे अलग हो तुम...

कितना भी मिलो,
मन नही भरता,,
मंदिर में मिलने वाले प्रसाद
की तरह लगते हो तुम कूड़ा कसम आप तो हीरा है हीरा ...

मुस्कुराने के अब बहाने नही ढूंढ़ने पड़ते,
तुझे याद करते हैं तो तमन्ना पूरी हो जाती है !

न कभी बदले ये लम्हा,न बदले ये ख्वाहिश हमारी,
हम दोनो ऐसे ही एक दूसरे के रहे ,
जैसे तुम चाहत हो और मैं ज़िंदगी तुम्हारी...

हर शाम से तेरा इजहार किया करते हैं
हर ख्वाब में तेरा दीदार करते हैं
दीवाने ही तो है हम तेरे,
जो हर वक्त तेरे मिलने का इंतजार किया करते हैं।

तेरे दीदार का नशा भी अजीब है जानेमन,
तू ना दिखे तो दिल तड़पता है, और
तू दिखे तो नशा और चढ़ता है।

कैसे कहूं कि इस दिल के लिए,
कितने खास हो तुम..!
फासले तो कदमों के हैं पर,
हर वक्त दिल के पास हो तुम..!!

नही जो दिल में जगह तो नज़र में रहने दो,
मेरी नजर को तुम अपने असर में रहने दो,
मै अपनी सोच को तेरी गली में छोड़ आया हूं,
मेरे वजूद को ख़्वाबों के घर में रहने दो।

तेरी मुस्कान कभी खोने नही देंगे
एक पल भी कभी तुझे रोने नही देंगे
मांग लायेंगे हर खुशी रब से तेरे लिए,
लेकिन तुम्हे अपने से जुदा कभी होने नही देंगे।

तेरे सिवा इस जिंदगी की हमे जरूरत नही
तेरे सिवा हमे किसी और की चाहत नही,

दिल तेरी हसरतों से खफा कैसे हो
तुझको भूल जाने की खता कैसे हो
रूह बनके समा गए हो तुम मुझ में
रूह फिर जिस्म से जुदा कैसे हो।

मेरी यादों में तुम हो, या मुझ में ही तुम हो मुझे नहीं पता,
मेरे ख्यालों में तुम हो, या मेरा ख्याल ही तुम हो,

दिल मेरा धड़क के पूछे, बार बार एक ही बात,
मेरी जान में तुम हो, या मेरी जान ही तुम हो।

बर्वाद होने की इजाज़त ली नही जाती
ये मोहब्बत है जनाब पूछकर की नही जाती
किन अल्फाजों में कहूं की मुझे तुम्हारी आदत हो गई है!
ये खूबसूरत मोहब्बत तेरी अब मेरी इबादत हो गई है!!

अपने आसमान से मेरी ज़मीन देख लो,
तुम ख्वाब आज कोई हसीन देख लो,
अगर आजमाना है मेरी मोहबत को तो
एक झूठ तुम बोलो और मेरा यकीन देख लो।

जाने उस शख्स को कैसा ये हुनर आता है
रात होती है तो आंखों में उतर आती है
मैं उसके ख्याल से निकलूं तो कहां जाऊं
वो मेरी सोच के हर रास्ते पर नज़र आती है।

न जाने कैसा ये तीर जिगर के पार हुआ,
न जाने क्यों ये दिल बेकरार हुआ तेरे नाम के सात,
तू कभी मेरे सामने तो आया नही,
फिर भी न जाने क्यों तुझसे इतना मुझे प्यार हुआ।

हम चाहे कही भी हो पर अभी भी तुम्हारी यादों में हैं,
जो बीत रही है तन्हा उन तमाम रातों में हैं,
यहां वहां मुड़कर न ढूंढों हमें,
बनकर नशा अभी भी हम तुम्हारी आंखों में हैं।

हम तुझे याद करते हैं हर पल रात की तन्हाई में,
दिल डूबता है दर्द की गहराई में,
हमे मत ढूंढना इस जमाने की भीड़ में,
क्योंकि हम मिलेंगे तुझे तेरी ही परछाई में।

सौ दर्द हैं मोहब्बत में बस एक राहत तुम हो
नफरतें बहुत हैं इस जहां में बस एक चाहत तुम हो..!

मेरी नस-नस में तेरा ही इश्क़ का दरिया बहता है, अगर नहीं यकीन
तो खुद से पूछ ले, तेरा दिल क्या कहता है ?

तेरे इश्क ने देखो कैसी तबाही मचा रखी है.....
आधी दुनिया हमें पागल और आधी शायर कहती है...

तुम्हें कभी पूरा लिखूँ कभी अधूरा लिखूँ
मैं रातों में बैठकर तुम्हें सवेरा लिखूँ
मैं जब भी लिखूँ बस इतना लिखूँ
मुझे तेरा और तुझे मेरा लिखूँ

एक तू और एक तेरी मोहब्बत
इन दो लब्जो में है मेरी दुनिया

ख्वाहिश इतनी है बस कि
कुछ ऐसा मेरा नसीब हो...
वक्त अच्छा हो या बुरा
बस तू मेरी चाहत हो..

जो हमारी छोटी छोटी बातों पर
गुस्सा करते हैं..
बस वही हमारी सबसे ज्यादा
फिकर करते हैं..

तू रूठी रूठी सी लगती है,
कोई तरकीब बताओ मनाने की,
मै जिन्दगी गिरवी रख दूंगा,
तू कीमत बता मुस्कुराने की।

कभी ये मत सोचना कि
याद नही करते हम
रात की आखिरी और
सुबह की पहली सोच और जान हो तुम।

सूख गए फूल पर बहार वही है,
दूर रहते हो पर प्यार वही हो
जानते हैं हम मिल नही पा रहे हैं
आपसे मगर इन आंखों में मोहब्ब्त का इंतजार वही है।

मेरे होंठो पर लफ्ज़ भी अब तेरा जिक्र लेकर आते हैं,
तेरे जिक्र से महकते हैं तेरे सजदे में बिखर जाते हैं।

छू जाते हो कितनी दफा तुम ख़्वाब बनकर,
कौन कहता है दूर रहकर मुलाकातें नही होती.!!

तेरी मोहब्बत, तेरी वफ़ा तेरा
इरादा सिर्फ तू जाने,
मै करता हूँ सिर्फ तुझसे मोहब्बत
ये मेरा खुदा जाने या मैं जानू ।

उसे देखते ही ये चेहरा
कुछ यूं खिल जाता है,
जैसे उसके होने से मुझे
सब कुछ मिल जाता है..

दो लफ़्ज़ों में कहाँ लिखी जाती हैं ये
बेचैनियाँ मोहब्बत की
मैंने तो हर बार तुम्हे दिल की,
गहराइयों से पुकारा हैं..!!

सिर्फ़ दो ही वक्त पर तुम्हारा साथ चाहिए,
एक अभी और एक हमेशा के लिए.!

होठों पर हंसी, आंखों में नमी
हर सांस कहती है बस तेरी ही कमी।

वो इश्क़ ही क्या जिसमें हिसाब हो..
मोहब्बत तो हमेशा बेहिसाब होती है.

तुम्हे भूलना सितम सा है,
तुम दिल में वहां तक हो जहां मैं भी नही हूं....

सब करते होंगे तेरे इश्क की तारीफ
हमे तो तेरी बेरुखी से भी मोहब्बत है।

दिल की धड़कन बनकर दिल में रहोगे तुम,
जब तक सांस है साथ रहोगे तुम..!

मेरी निगाहों में एक ख्वाब है,
चांद भी देखो तो चेहरा तुम्हारा नजर आता है।

सामने बैठा करो दिल को करार आता है,
जितना तुम्हे देखते हैं उतना ही बेशुमार प्यार आता है।

तुम से गले मिलकर जाना है,
तेरे सीने में जो दिल धड़कता है वो मेरी निशानी है।

कभी कभी याद इस कदर बढ़ जाती है,
जब भी देखता हूं आईने में सूरत आपकी नज़र आती है।

दिल की हसरत ज़ुबान पे आने लगी,
तूने देखा और ज़िंदगी मुस्कुराने लगी !
ये इश्क़ की इंतहान थी या दीवानगी मेरी,
हर सूरत में सूरत तेरी नज़र आने लगी !!

आ जाओ तुम्हारी रूह में उतर जाऊं
साथ रहूं मैं तुम्हारे ना किसी को नज़र आऊं
चाह कर भी मुझे छू ना सके कोई
तुम कहो तो यूं तुम्हारी बाहों में बिखर जाऊं।?

तेरे इश्क में कुछ इस तरह
मैं नीलाम हो जाऊं,
आखिरी हो तेरी बोली
और मै तेरे नाम के साथ नीलाम हो जाऊ

इशक मोहबत से खूबसूरत कोई ख्वाब नही...
इश्क मर्जी है खुदा की कोई इत्तफाक नही।

मेरी हर अदा का आइना तुझसे से है
मेरी हर मंजिल का रास्ता तुझसे हैं।
कभी दूर न होना मेरी जिंदगी से
मेरी हर खुशी का वास्ता तुझसे है।

सांस तो लेने दिया करो,
आँख खुलते ही क्यों याद आ जाते हो..!!

"यूं न लगाया करो ख्वाबों में मुझे सीने से
दिन भर मिलने की चाहत लगी रहती है ..

कितना प्यार है तुमसे वो लफ्ज़ के सहारे कैसे बताऊं !
महसूस कर मेरे एहसास को, गवाही कहां से लाऊं !!

चले आओ ना अब कहाँ गुम हो गए हो तुम,
कितनी बार कहूं मेरे दर्द की दवा तुम हो !

खुदा करे की तेरे दिल में
मुझे उम्रकैद की सजा मिले ,
थक जाएं सारे वकील

पर मुझे ज़मानत ना मिले

यादों के भंवर में एक पल हमारा हों,
खिलते चमन में एक गुल तुम्हारा हों,
और जब याद करें आप अपनों को
तो उस याद में एक नाम हमारा हो।

मुस्कुराहट का कोई मोल नहीं होता,
रिश्तों का कोई तोल नहीं होता,
इंसान तो मिल जाते हैं हमें हर मोड पर,
लेकिन हर कोई आप की तरह अनमोल नहीं होता।
सुप्रभात

ऐ सुबह जितनी खूबसूरत है,
उतना ही खूबसूरत आपका हर पल हो,
जितनी ख़ुशियाँ आज आपके पास है,
उससे भी ज्यादा आने वाले कल मे हो।

मौसम की बहार अच्छी हो तेरे,
फूलों की कलियाँ कच्ची हों,
हमारे ये रिश्ते सच्चे हो,
रब तेरे से बस एक ही दुआ है कि,
मेरे यार की हर सुबह अच्छी हो।

बिन मौसम कभी बरसात नहीं होती,
चाँद के बिना कभी रात नहीं होती,
अपनी तो आदत ही हैं,

आपको Good Morning किए बिना
दिन की शुरुआत नहीं होती।

अरे जनाब ज़रा मुस्कुराओ क्या ग़म है,
टैंशन किसकी ज़िंदगी में कम है,
अच्छा बुरा तो बस हमारा एक भ्रम है,
जिंदगी का दूसरा नाम ही
कभी खुशी कभी गम है।

कल पटे सो आज पट जा आज पटे सो आवाही पट जा

वरना पल में प्रलय हो जाए फिर पटेगी कब

भरोसा रख हमारी दोस्ती पर,
हम किसी का भी दिल दुखाया नहीं करते,
आप और आपका अंदाज़ हमे अच्छा लगा,
वरना हम किसी को दोस्त बनाया नहीं करते।

कलियों के खिलने के साथ,
एक प्यारे एहसास के साथ,
एक नये विश्वास के साथ,
आपका दिन शुरू हो,
एक मीठी मुस्कान के साथ।

खिलखिलाती सुबह, ताजगी से भरा सवेरा है,
फूलों और बहारों ने आपके लिए रंग बिखेरा है,

सुबह कह रही है जग जाओ,
आपकी मुस्कुराहट के बिना सब अधूरा है।

हम वो नही जो मतलब से याद करते हैं, हम वो हैं जो रिश्तों से प्यार करते हैं,
हम आप को याद आए या न आए, हम हर दिन आपको दिल से याद करते हैं।

तुम्हारी पसंद हमारी चाहत बन जाये,
तुम्हारी मुस्कुराहट दिल की राहत बन जाये,
खुदा ख़ुशियों से इतना खुश कर दे आपको,
की आपकी ख़ुशी देखना हमारी आदत बन जाये।

सुबह का हर पल ज़िंदगी दे आपको,
दिन का हर लम्हा खुशी दे आपको,
जहाँ गम की हवा छू कर भी न गुज़रे,
खुदा वो जन्नत से ज़मीन दे आपको।

आपकी नयी सुबह इतनी सुहानी हो जाये,
दुखों की सारी बातें आपकी पुरानी हो जायें,
दे जाये इतनी ख़ुशियाँ यह नया दिन,
कि ख़ुशी भी आपकी दीवानी हो जाये।

सुबह सुबह ज़िंदगी की शुरुआत होती है,
किसी अपने से बात हो तो ख़ास होती है,
हंसकर प्यार से अपनों को गुड मोर्निंग बोलो तो,
ख़ुशियाँ अपने आप साथ होती हैं।

सुबह सुबह जब कोई पैगाम आता है,
दिल कहता है कोई तुझे भी याद करता है,
पढ़ के मैसेज चेहरे पर गुलाब की तरह खिल जाता है,
यही होता है जब कोई अपना आपको दिल से याद करता है।

फूलों के साए में बसेरा हो आपका,
सितारों के आँगन में सवेरा हो आपका,
दुआ है दिल से हमारे प्यार के लिए,
मेरी हर सुबह हो आपको हँसाने के लिए।

हर सुबह तेरी मुस्कुराती रहे,
हर शाम तेरी गुनगुनाती रहें,
मेरी दुआ हैं की तू जिस से भी मिलें,
हर मिलने वाले को तेरी याद सताती रहें।

खुश हो और सबको खुश रखता हूँ,
लापरवाह हूँ फिर भी सबकी परवाह करता हूँ,
मालूम है कोई मोल नहीं मेरा,
फिर भी कुछ अनमोल लोगों से रिश्ता रखता हूँ।

लबों पर मुस्कान है, आंखों में खुशी,
गम का कहीं काम ना हो,
हर दिन लाए आपके लिए इतनी ख़ुशियाँ।
जिनके ढलने की कोई शाम ना हो।

सुबह का मौसम जैसे जन्नत का एहसास हो,
आंखों में नींद और चाय की तलाश हो,

जागने की मजबूरी थोड़ा और सोने की आस,
पर आपका दिन शुभ हो हमारी सुप्रभात के साथ।

दुआओं पर हमारे ऐतबार रखना,
दिल में अपने ना कोई सवाल रखना,
देना चाहते हो अगर ख़ुशियाँ तो बस,
आप खुश रहना और अपना ख्याल रखना।

दिल ने कहा कोई याद कर रहा है,
मैंने सोचा दिल मज़ाक कर रहा है,
फिर आईं हिचकी मैंने सोचा अपना ही कोई,
मैसेज का इंतज़ार कर रहा है।

तेरे गमों को तेरी ख़ुशी कर दे,
हर सुबह तेरी दुनिया में रौशनी भर दे,
जब भी टूटने लगें तेरी साँसे,
खुदा तुझमें शामिल मेरी जिंदगी कर दे।

मुश्किल वक्त का सबसे बड़ा सहारा है,
उम्मीद जो एक प्यारी सी मुस्कान देकर,
कानों में धीरे से कहती है,
सब अच्छा होगा,

जीवन जितना सादा रहेगा,
तनाव उतना ही आधा रहेगा,
योग करें या ना करें पर,
ज़रूरत पड़ने पर एक दूसरे का

सहयोग ज़रूर करें।

कलियों के खिलने के साथ,
एक प्यारे एहसास के साथ,
एक नये विश्वास के साथ,
आपका दिन शुरू हो,
एक मीठी मुस्कान के साथ।

हम ना अजनबी हैं ना पराए हैं,
आप और हम एक रिश्ते के साए है,
जब भी जी चाहे महसूस कर लीजिएगा,
हम तो आपकी मुस्कुराहटों में समाए है।

ये सुबह जितनी खूबसूरत है
उतना ही खूबसूरत आपका हर पल हो,
जितना सुंदर आज आपका पल हैं
उससे भी ज्यादा आने वाला कल हो।

सुबह-सुबह आपकी यादों का साथ हो,
मीठी-मीठी परिंदों की आवाज़ हो,
आपके चेहरे पर हमेशा मुस्कुराहट हो,
और हमारी ज़िन्दगी में सिर्फ आपका साथ हो।

बनकर खुशबू हम तेरी यादों में रहेंगे,
बनकर लहू तेरी हर नस में बहेंगे,

चाहे जितने भी दूर हम क्यों ना रहे,
हर सुबह सबसे पहली हम गुड मॉर्निंग कहेंगे।

हर दिन नयी सुबह से शुरूआत होती है,
अगर हो जाए किसी अपने से बात तो बहुत ख़ास होती है,
कोई अगर मुस्कुराहट के साथ गुड मॉर्निंग बोल दे,
तो पूरा दिन खुशियों की बरसात होती है।

सुबह के फूल खिल गए,
पंछी अपने सफर पे उड़ गए,
सूरज आते ही तारे भी छुप गए,
क्या आप मीठी नींद से उठ गए।

जितनी खूबसूरत ये गुलाबी सुबह है,
उतना ही खूबसूरत आपका हर पल हो,
जितनी भी खुशियाँ आज आपके पास हैं,
उससे भी अधिक आने वाले कल हो।

दिल चाहे तो बात कर लेना,
दिल चाहे तो मुलाकात कर लेना,
हम रहते हैं आपके ही दिल में,
वक्त मिले तो तलाश कर लेना।

सुबह-सुबह सूरज का हो साथ, चहचहाते पक्षियों की हो आवाज,
हाथों में चाय का कप और यादों में हो कोई ख़ास,
रब से दुआ है यही मेरी की
उस खूबसूरत सुबह की पहली याद बस हो आप।

निकल गई वो चमकती हुई प्यारी सी रात,
हो गयी फिर ज़िन्दगी की शुरुआत,
हर दिन होती हैं हमारी मुलाकात,
फिर भी आपके बिन नहीं होती मेरे दिन की शुरुआत।

सजते दिल मे तराने बहुत हैं,
जिंदगी जीने के बहाने बहुत है,
आप सदा मुस्कुराते रहिये,
आपकी मुस्कुराहट के दीवाने बहुत है।

खुशियों का कोई मोल नहीं होता
नातों का कोई तोल नहीं होता,
वैसे तो मिल जाते हैं इंसान हमें हर मोड़ पर,
मगर हर कोई तुम्हारी तरह अनमोल नहीं होता।

राहत भी अपनो से मिलती है,
चाहत भी अपनो से मिलती है,
अपनो से कभी रूठना नहीं
क्योंकि मुस्कराहट भी सिर्फ अपनो से मिलती है।

उदास लम्हों की न कोई याद रखना,
तूफान में भी वजूद अपना संभाल रखना,
किसी की ज़िंदगी की ख़ुशी हो तुम,
बस यही सोच तुम अपना ख्याल रखना।

ऐ सुबह तू जब भी आती है,
कितने चेहरे खिलाती है,

कितने आँगन महकाती है,
और मेरी आवाज सबको गुड मॉर्निंग कह जाती है।

मेरे गुरु कहते है
मत सोच की तेरा सपना क्यों पूरा नहीं होता,
हिम्मत वालो का इरादा कभी अधुरा नहीं होता,
जिस इंसान के कर्म अच्छे होते है,
उस के जीवन में कभी अँधेरा नहीं होता।

हम हमेशा रहेंगे तुम्हारे दिल में एक याद बनकर,
तुम्हारे होंठों पर खिलेंगे मुस्कान बनकर,
कभी हमें तुम अपने से जुड़ा ना समझ लेना,
हम हमेशा चलेंगे तुम्हारे साथ आसमान बनकर।

जिंदगी राज है, तो राज रहने दो,
अगर है कोई एतराज तो एतराज रहने दो,
पर अगर आपका दिल कहे हमें याद करने को,
तो दिल को ये मत कहना कि आज रहने दो।

रिश्ता ऐसा निभाओ जिस पर हर किसी को नाज़ हो,
कल भरोसा जितना था उस से ज़्यादा आज हो,
रिश्ता वह नही जो सिर्फ़ मुश्किल में साथ हो,
सच्चा रिश्ता तो वह है जो हर पल अपनेपन का एहसास हो।

फूलों की वादियों में हो बसेरा तुम्हारा,
सितारों के आँगन में हो घर तुम्हारा,
दुआ है एक दोस्त की ये कि,

सारे जहां से खूबसूरत हो सवेरा तुम्हारा।

खुश हो और सबको खुश रखता हूँ,
लापरवाह हूँ फिर भी सबकी परवाह करता हूँ,
मालूम है कोई मोल नहीं मेरा,
फिर भी कुछ अनमोल लोगों से रिश्ता आज भी रखता हूँ।

संभालना सीखो
जिंदगी में अगर कोई रूठे
तो उसे मनाना सीखो,
ये रिश्ते बड़े किस्मत वालों को मिलते हैं,
जिंदगी में रिश्तो को निभाना सीखो।

सुबह का उजाला हमेशा तुम्हारे साथ हो,
हर दिन हर पल हमेशा तुम्हारे लिए ख़ास हो,
दिल से ये दुआ देते हैं हम तुम्हे,
इस जहां की सारी खुशियाँ तुम्हारे पास हो।

दुआ मिले बड़ो से, साथ मिले अपनों से,
खुशियाँ मिले जग से, रहमत मिले रब से,
प्यार मिले सबसे, यही दुआ है रब से,
सब खुश रहे आपसे और आप खुश रहे सबसे।

वो रिश्ते बड़े प्यारे होते हैं,
जिनमें न हक़ हो, न शक हो.
न अपना हो, न पराया हो,
न दूर हो, न पास हो,न जात हो, न जज़बात हो,

सिर्फ अपनेपन का
एहसास ही एहसास हो।

जिंदगी दो दिन की है,
एक दिन आपके हक में,
एक दिन आपके खिलाफ,
जिस दिन हक में हो गुरुर मत करना,
और जिस दिन खिलाफ हो,
थोड़ा सा सब्र जरूर करना।

अपनों की इनायत कभी खतम नही होती,
रिश्तों की महक दूरियों से कम नही होती,
जीवन मे अगर साथ हो सच्चे दोस्त का,
तो जिंदगी जन्नत से कम नही होती।

चाँद ने बंद की Lighting,
सूरज ने शुरुआत की Shining,
मुर्गे ने दी है एक Warning,
कि अब हो गयी है Morning.

सपनो की दुनियां से लौट आओ,
हो गई खूबसूरत सी सुबह अब उठ जाओ,
चाँद तारों की रोशनी को अब करके बिदा,
इस दिन की खुशियों में डूब जाओ।

जीत से भरी हो ज़िन्दगी आपकी,
फूलो की तरह खिलती रहे ज़िन्दगी आपकी,

हर दिन आप युही मंजिल पाते रहे,
मुस्कराहट से भरी हो ज़िन्दगी आपकी।

तेरी यादों के बिना जिंदगी अधूरी है,
तू जो मिल जाए तो जिंदगी पूरी है,
तेरे साथ जुड़ी है मेरी खुशियां,
बाकी सबके साथ हंसना तो मेरी मजबूरी है।

कुछ लोग ज़िन्दगी में होते हैं,
कुछ लोगों से ज़िन्दगी होती है,
पर कुछ लोग होते हैं,
तो जिंदगी होती है।

आपकी आंखों को जगा दिया हमने,
सुबह का फर्ज निभा दिया हमने,
मत सोचना की बस यू ही तंग किया हमने,
सुबह उठकर भगवान के साथ आपको भी
याद किया हमने।

दूर हैं आपसे तो कोई गम नही,
दूर रहकर भूलने वाले हम नही,
रोज मुलाक़ात ना हो तो क्या हुआ,
आपकी याद आपकी मुलाक़ात से कम नहीं।

सुबह की हल्की धूप कुछ याद दिलाती है,
हर महकती खुशबू एक जादू जगाती है,
कितनी भी व्यस्त क्यों ना हो, ये ज़िन्दगी

सुबह-सुबह अपनों की याद आ ही जाती है।

माना की आपसे रोज मुलाकात नही होती,
माना की रोज आमने सामने बात नही होती,
हर सुबह आपको दिल से याद करते है,
उसके बिना हमारे दिन की शुरुवात नही होती।

सुबह का मौसम जैसे जन्नत का एहसास हो,
आंखों में नींद और चाय की तलाश हो,
जागने की मजबूरी थोड़ा और सोने की आस,
पर आपका दिन शुभ हो हमारी सुप्रभात के साथ।

सुबह का हर क्षण ज़िन्दगी दे तुम्हे,
दिन का हर पल ढेरों ख़ुशी दे तुम्हे,
जहाँ दुःख की हवा छू भी ना पाये,
खुदा ऐसी जन्नत की ज़मीन दे तुम्हे।

कभी भुला देते हो, कभी याद कर लेते हो,
कभी रुला देते हो, कभी हसा देते हो,
पर सच कहू जब आप दिल से याद करते हो,
तो जिंदगी का एक पल बढा देते हो।

तेरी हर सुबह इतनी सुहानी हो,
दुखो की सारी बातें पुरानी हो,
तेरे चेहरे पर इतनी मुस्कान हो,
तेरी मुस्कान की सारी दुनिया दीवानी हो।

बहुत खूबसूरत है ये दुआ हमारी,
फूलों की तरह महके ये जिंदगी तुम्हारी,
मुझे क्या और चाहिए जिंदगी में,
बस कभी खत्म न हो ये दोस्ती हमारी।

मुस्कान का कोई मोल नहीं होता,
कुछ रिश्तों का तोल नहीं होता,
लोग तो मिल जाते हैं हर रास्ते पर,
लेकिन हर कोई आपकी तरह अनमोल नहीं होता।

ज़िन्दगी जबरदस्त हैं इससे बेपनाह प्यार करो,
हर दुःख के बाद सुख का इंतजार करो,
वो दिन भी जरुर आएगा,
जिसका बेसब्री से इंतज़ार हैं,
ऊपर वाले पर भरोसा रखो और सही वक़्त का इंतज़ार करो।

तेरी खूबसूरती इस जहां में, मेरी जान सलामत रहे जिंदगी भर इस जमीन पर

तेरी कयामत रहे हर जगह, और तेरे चर्चे हो तेरी खूबसूरती के हर जगह

मस्त नज़रों से देख लेना था अगर तमन्ना थी आज़माने की

हम तो बेहोश यूँ ही हो जाते क्या ज़रूरत थी आपको मुस्कुराने की

हवाओं को चूमती जुल्फों को मत बांधा करो तुम

ऐ मदमस्त हवाएं नाराज़ होती हैं।

बड़ी खूबसूरत नाज़ुक से हैं उनके ये होठ की क्या कहिये

मानो पंखुड़ी हो इक गुलाब सी।

हुस्न दिखा कर भला कब हुई है मोहब्बत,

वो तो एक पागल सी काजल लगा कर हमारी जान ले गयी

धडकनों को कुछ तो काबू में कर ए दिल,

अभी तो पलकें झुकाई हैं उसने,

दांतो तले होठों को दबा कर मुस्कुराना अभी बाकी है

पता नही क़यामत लाएगी या तूफ़ान

बचपन में सोचता था चाँद को छू लूँ,

आपको देखा और छुआ तो ख्वाहिशे पूरी हो गई मेरी

स्वर्ग आई है रंभा भी इतनी खूबसूरत नहीं होगी जितना तुम हो

हर बार हम पर इल्ज़ाम लगा देते हो मोहब्बत का

कभी खुद से भी पूछा है इतने कतील क्यों हो

लगता हैं खुदा ने एक ही हसींन चेहरा बनाया हैं

और वो मेरे सामने हैं

नहीं पसंद आता अब तेरे सिवा किसी और का चेहरा देखना

तुझे देखना और देखते रहना दस्तूर बन गया है मेरा

"हुस्न वाले तेरा जवाब नहीं कोई तुझ-सा नहीं इस जहाँ में"

तेरे हुस्न को परदे कि जरुरत क्या है,

कौन रहता है होश में तुझे देखने के बाद

तुम्हारी तारीफ में मैं क्या कहूँ

बस इतना जान लो तुम तो आग हो आग

तुमको सजने संवरने की ज़रूरत ही नहीं,

तुम पर तो सजती है हया भी किसी जेवर की तरह।

बला है या क़हर है या आफ़त है या क़यामत है

हसीनों की जवानी को जवानी कौन कहता है।

तुम्हारी इस अदा का क्या जवाब दू

तुम्हे क्या में सौगात दू

कोई अच्छा सा फूल होता तो माली से मँगवाता

आप तो खुद गुलाब हो आपको क्या गुलाब दू

आँखों मे आपकी चाहत की लकीर बन गई

जैसी चाहिए थी वैसी तकदीर बन गई

हमने तो सिर्फ रेत में उँगलियाँ घुमाई थीं

गौर से देखा तो आप की तस्वीर बन गई

इतने खूबसूरत क्यों हो आप

पल भर में ही घायल कर मेरे दिल को

अब क्या होगा मेरा ?

तुझे पलकों पर बिठाने को जी चाहता है,

तेरी बाहों से लिपटने को जी चाहता है,

खूबसूरती की इंतेहा है तू...

तुझे अपनी ज़िन्दगी में बसाने को जी चाहता है।

कितनी मासूमियत है आपके चेहरे पर,

सामने से ज्यादा आपको छुपकर देखना अच्छा लगता है।

हुस्न का क्या काम हमारी मोहब्बत में

रंग सांवला भी हो तो यार कातिल लगता है

ढाया है खुदा ने ज़ुल्म हम दोनों पर,
तुम्हें हुस्न देकर मुझे तेरा इश्क़ देकर।

मैं तुम्हारी सादगी की क्या मिसाल दूँ
इस सारे जहां में आप तो बे-मिसाल हो तुम।

नींद से क्या शिकवा जो आती नहीं रात भर,
कसूर तो आपके चेहरे का है जो सोने नहीं देता रात भर ।

वो शरमाई सूरत वो नीची निगाहें,
वो भूल से उनका हमारी तरफ देख लेना

दीवाना कर गई उनकी यह निगाहें

मै तो फ़िदा हो गया आपकी
एक झलक देखकर,
ना जाने हर रोज़ आईने पर
क्या गुजरती होगी।

हो गयी प्यार भरे दिन की शुरुआत

मोहब्बत के लिए दिल....

दिल के लिए आप.....

आपके लिए हम.....

हमारे लिए आप....

कबुल कीजिये मेरे प्यार का

छोटा सा जवाब I LOVE YOU...

नाम आपका पल पल लेता हूँ मैं

याद आपको पल-पल करता हूँ मैं

अहसास तो शायद आपको भी है

कि हम आपसे कितना प्यार करते है

करोड़ो की हंसी तुम्हारे नाम कर देंगे

हर ख़ुशी तुम पर कुर्बान कर देंगे

जिस दिन होगी कमी मेरे प्यार में बता देना

हम उसी दिन जिंदगी को किसी और के नाम कर देंगे

बरसो गुजर गए कभी रो कर नहीं देखा

आँखों में नींद है मगर सो कर नहीं देखा

वो क्या जाने मोहब्बत का दर्द

जिसने कभी किसी का होकर नहीं देखा।

जिंदगी में बार बार सहारा नहीं मिलता

बार-बार आपसे ज्यादा से कोई प्यारा नहीं मिलता

जो पास है आपके उसको संभाल कर रखो

क्योकि खोने के बाद वो दोबारा नहीं मिलता।

तुझे भूलकर भी नहीं भूल पाएंगे हम

बस यही एक वादा निभा पाएंगे हम

मिटा देंगे खुद को भी जहाँ से भी

लेकिन तेरा नाम दिल से नहीं मिटा पाएंगे हम

दिल जोरो से धड़कने लगता है

जब तुम सामने आ जाती हो

एक मुरझाये हुए चेहरे पर भी

स्माइल झलकने लगती है

जब तुम दिखाई देती हो।

क्या कहु दिलरुबा तुम हो ही इतनी खूबसूरत

ये दिल तो बस तुम्हारा दीवाना है

अब चाहे कुछ भी हो जाये प्यार करेंगे

तो सिर्फ तुमसे आँखे लड़ाएंगे तो सिर्फ तुमसे

दिल के सुन्दर अहसास को प्यार कहते है

तुम्हारी झुकी हुयी निगाहे बता रही है हमे

कि आप हमसे बहुत प्यार करती है।

रिश्ते निभाना हर किसी की बस कीबात नहीं

खुद का दिल दुखाना पड़ता है किसी और कि

ख़ुशी के लिए प्यार के लिए।

कुछ लोग तो नफरत के लायक भी नहीं होते

मोहब्बत करना तो बहुत दूर की बात है।

कुछ लड़कियां महल नहीं मांगती जनाब

उनके लिए तो हमसफ़र का कन्धा ही काफी होता है।

बताने की बात तो नही है
पर बताने दोगे क्या,
इश्क बेपनाह है तुमसे
मुझे हक जताने दोगे क्या

रख लूं नजर में चेहरा तेरा
दिन रात इसी पे मरता रहूं..
जब तक ये सांसे चलती रहें,
मैं तुझसे मोहब्बत करता रहूं

फ़िज़ा में महकती शाम हो तुम,
प्यार का छलकता जाम हो तुम,
सीने में छुपाये फिरते हैं तुम्हें,
मेरी ज़िन्दगी का दूसरा नाम हो तुम।

तेज बारिश में कभी सर्द हवाओं में रहा,
एक तेरा ज़िक्र था जो मेरी सदाओं में रहा,
कितने लोगों से मेरे गहरे रिश्ते थे मगर,
तेरा चेहरा ही सिर्फ मेरी दुआओं में रहा।

कुछ नशा तेरी बात का है,
कुछ नशा धीमी बरसात का है,
हमें तुम यूँही पागल मत समझो,
ये दिल पर असर पहली मुलाकात का है!!

तुझसे रु-ब-रु होकर बातें करूँ,
निगाहें मिलाकर वफ़ा के वादे करूँ,
थाम कर तेरा हाथ बैठ जाऊं तेरे सामने,
तेरी हसीन सूरत के नज़ारे करूँ।

धड़कने आज़ाद हैं पहरे लगाकर देख लो..
प्यार छुपता ही नहीं तुम छुपाकर देख लो..

मेरे ख़ामोश होठों पर
मोहब्बत गुनगुनाती है
तू मेरी है.. मै तेरा हूं
बस यही आवाज़ आती है.!

इश्क़ है या इबादत
अब कुछ समझ नही आता,
एक खूबसूरत ख्याल हो तुम
जो दिल से नही जाता।

कुछ दूर मेरे साथ चलो
हम सारी कहानी कह देंगे
समझे ना तुम जिसे आँखों से
वो बात मुँह ज़बानी कह देंगे।

अगर मैं हद से गुज़र जाऊं तो मुझे माफ़ करना,
तेरे दिल में उतर जाऊं तो मुझे माफ़ करना,
रात में तुझे देख के तेरे दीदार के ख़ातिर,
पल भर जो ठहर जाऊं तो मुझे माफ़ करना!!

वादा है जब भी मुझसे मिलोगे,
हर बार इश्क होगा,
मोहब्बत पूरी शिद्दत से होगी,
प्यार भी बेपनाह होगा।

आज बारिश में तेरे संग नहाना है,
सपना ये मेरा कितना सुहाना है,

बारिश की बूंदें जो गिरे तेरे होंठों पे,
उन्हें अपने होंठों से उठाना है।

ये दिल ही तो जानता है
मेरी पाक मोहब्बत का आलम,
की मुझे जीने के लिए
सांसों की नही सिर्फ तेरी ज़रुरत है...

कुछ खास नही...
इन हाथों की लकीरों में
मगर तुम हो तो...
एक लकीर ही काफी है.

कभी लफ्ज़ भूल जाऊं कभी बात भूल जाऊं
तूझे इस कदर चाहूँ कि अपनी रूह भूल जाऊं
कभी उठ के तेरे पास से जो मैं चल दूँ
जाते हुए खुद को तेरे पास भूल जाऊं।

छू गया जब कभी ख्याल तेरा
दिल मेरा देर तक धड़कता रहा
कल तेरा ज़िक्र छिड़ गया घर में
और घर देर तक महकता रहा।

मैं तमाम दिन का थका हुआ
तू तमाम शब का जगा हुआ
ज़रा ठहर जा इसी मोड़ पर
तेरे साथ शाम गुज़ार लूँ।

अगर मेरी चाहतों के मुताबिक
ज़माने की हर बात होती
तो बस मैं होता तुम होती
और सारी रात बरसात होती...

तेरे इंतज़ार में मेरा बिखरना इश्क़ है,
तेरी मुलाकात पे मेरा निखरना इश्क़ है

हक़ीक़त ना सही तुम
ख़्वाब की तरह मिला करो,
भटके हुए मुसाफिर को
चांदनी रात की तरह मिला करो।

न होके भी तू मौजूद है मुझमें
क्या खूब तेरा वजूद है मुझमें

तेरा इश्क़ भी महंगाई की तरह है,
दिनों दिन बढ़ता जा रहा है

तेरे सीने से लगकर तेरी आरजू बन जाऊँ
तेरी साँसो से मिलकर तेरी खुश्बू बन जाऊँ
फासले ना रहें कोई तेरे मेरे दरमिआँ
मैं...मैं ना रहूँ बस तू ही तू बन जाऊँ।

मंजिल भी तुम हो तलाश भी तुम हो
उम्मीद भी तुम हो आस भी तुम हो
इश्क भी तुम हो और जूनूँन भी तुम ही हो

अहसास तुम हो प्यास भी तुम ही हो।

चेहरे पे मेरे ज़ुल्फों को फैलाओ किसी दिन
क्यूँ रोज गरजते हो बरस जाओ किसी दिन
खुशबु की तरह गुजरो मेरी दिल की गली से
फूलों की तरह मुझपे बिखर जाओ किसी दिन

हर बार दिल से ये पैगाम आए;
ज़ुबाँ खोलूं तो तेरा ही नाम आए;
तुम ही क्यूँ भाए दिल को क्या मालूम
जब नज़रों के सामने हसीन तमाम आए.

गुलाब जैसी हो गुलाब लगती हो,
हल्का सा भी मुस्कुरा दो तो,
कसम खुदा की लाज़वाब लगती हो...

ना महीनों की गिनती,
ना सालों का हिसाब है..
मोहब्बत आज भी तुमसे
बेइंतहां... बेहिसाब है.

तुम हशीन हो की गुलाब जैसी हो,
बहुत नाजुक हो मेरे ख्वाब जैसी हो,
होठों से लगाकर पी जाऊं तुम्हे,
आप तो सर से पाँव तक शराब हो।

तेरे हुश्न पे कुर्बान हो जाऊ
तेरी बाहों में बेजान हो जाऊ
ऐसी नज़ाक़त है तेरी सूरत की
की मै तेरा गुलाम हो जाऊ

मेरे दिल ने जब भी दुआ माँगी है,
तुझे माँगा है तेरी वफ़ा माँगी है,
जिस मोहब्बत को देख के दुनिया को रश्क आये,
तेरे प्यार करने की वो अदा माँगी है।

रात गुमसुम है मगर चेन खामोश नही
कैसे कह दू आज फिर होश नही,
ऐसा डूबा तेरी आखो की गहराई मैं,
हाथ में जाम है मगर पीने का अब होश नही

रात होती है हर शाम के बाद,
तेरी याद आती है हर बात के बाद,
हमने खामोश रहकर भी देखा है
तेरी आवाज आती है मेरी हर सांस के बाद।

जुड़ गई रूह तुझसे
हो गई मुकम्मल मोहब्बत मेरी जब से मिले हो तुम

तुम मिल गए तो मुझ से नाराज है खुदा,
कहता है कि तू अब कुछ माँगता नहीं है।

तेरे रुखसार पर ढले हैं मेरी शाम के किस्से,
खामोशी से माँगी हुई मोहब्बत की दुआ हो तुम।

तुम्हारा नाम लेने से मुझे सब जान जाते हैं
मै वो खोई हुई चीज हूँ, जिसका पता तुम हो।

हर सोच में बस एक ख्याल, तेरा आता है!
लब जरा से हिलते नहीं की, नाम तेरा आता है!

हँसते हुए तुझको जब भी देखता हूँ मैं,
तू ही दुनिया है मेरी, यही सोचता हूँ मैं।

बहुत ख़ूबसूरत है मेरे ख्यालों की दुनिया,
बस तुमसे शुरू और तुम पर ही खत्म..

तेरी आँखों में अपने लिए प्यार देखूँ
बस यही ख्वाब मैं बार बार देखूँ.

किताब-ए-दिल में भी रखा तो ताज़गी ना गई,
तेरे ख़याल का जलवा गुलाब जैसा है।

तुझे अकेले ही पढ़ूं कोई हमसबक न रहे,
मैं चाहता हूँ तुझ पर किसी का हक न रहे।

हमसे ना कट सकेगा अंधेरो का ऐ सफर
अब शाम हो रही हे मेरा हाथ थाम लो।

तरसेगा जब दिल तुम्हारा मेरी मुलाकात को,
तब आ जायेंगे ख्वाबों मे हम उसी रात को।

किस-किस को बताऊं हाल मेरा,
सुबह उठते ही आ जाता है ख्याल तेरा..

कैसे करूं मैं तुम्हारी यादों की गिनती
सांसों का भी कोई हिसाब रखता है क्या...

कभी दोस्ती कहेंगे कभी बेरुखी कहेंगे,
जो मिलेगा कोई तुझसा उसे ज़िन्दगी कहेंगे,...

दुनिया को हर वक्त खुशी चाहिए,
लेकिन मुझे हर खुशी में सिर्फ़ एक तू चाहिए। मेरा प्यार.. तेरे लिए.. कभी कम नही होगा..
न हालात के साथ.. न दर्द के साथ.. और न उम्र के साथ.

तेरी चाहत मुकद्दर है मिले या ना मिले...
राहत जरूर मिलती है तुझे अपना सोचकर...

इक मुलाकात करो हमसे इनायत समझ कर,
हर चीज का हिसाब देंगे कयामत समझ कर,
मेरी मोहब्बत पे कभी शक न करना,
हम मोहब्बत भी करते हैं इबादत समझ कर...

बन जाओ मेरी जिंदगी तन्हा हूं मैं,
बसालो दिल की धड़कन में कि तन्हा हूं मैं,
जो तुम नही तो जिंदगी में कुछ भी नही

समा जाओ मुझमें कि तन्हा हूं मैं...

अपनी जिंदगी में हमने तेरी जरूरत देखी है,
तेरी आँखो में हमने अपने लिए मोहब्बत देखी है,
जितनी बार खुद को भी नही देखा होगा,
उतनी बार हमने तेरी सूरत देखी है।

वो आँखों से यूं शरारत करते हैं,
अपनी अदाओं से यूं कयामत करते हैं,
निगाहें उनके चेहरे से हटती ही नहीं
और वो हमारी नजरों से अब शिकायत करते हैं।

तुझे देख लूं तो सारा दिन फूल सा खिलता है,
तेरी आवाज सुनकर ही,
ना जाने क्यों दिल को अब सुकून मिलता है।

अपने हसीन होठों को किसी परदे में छुपा लिया करो,
हम गुस्ताख़ लोग हैं नज़रों से चूम लिया करते हैं.

हल्की हल्की सी हंसी साफ इशारा भी नही,
जान भी ले गए और
जान से मारा भी नही वह मेरे मेहबूब

माना की जायज़ नहीं,
इश्क तुमसे बेपनाह करना,
मगर तुम अच्छे लगे तो
ठान लिया ऐ गुनाह करना।

तू मोहब्बत नही इबादत है मेरी,
तू जरूरत नही जीने की आदत है मेरी,
बन गया हूं तेरी यादों का कैदी,
अब तो बस तू ही जमानत है मेरी।

तुम्हारी अहमियत का मंजर कुछ यूं है मेरी ज़िंदगी में,
अगर तुम न हो तो, ज़िंदगी अब बेज़ान सी लगती है।

क्या बताऊं उलझने ज़िंदगी की,
तुजे ही गले लगकर, तेरी ही शिकायत करनी है

क्रम-सूची

www.ingramcontent.com/pod-product-compliance
Lightning Source LLC
La Vergne TN
LVHW041715060526
838201LV00043B/753
* 9 7 9 8 8 8 7 0 4 0 4 1 7 *